(RE)SIGNIFICANDO A AUTOESTIMA

(RE)SIGNIFICANDO A AUTOESTIMA

TEORIAS E PRÁTICAS NA PSICOLOGIA POSITIVA E TERAPIAS COGNITIVO-COMPORTAMENTAIS

José Carlos da Silva Mendes
Juliana Vieira Almeida Silva
Rafaela Dias Matavelli
Natanna Taynara Schütz

Artesã

(Re)Significando a autoestima: teorias e práticas na psicologia positiva e terapias cognitivo-comportamentais

DIRETOR
Alcebino Santana

COORDENAÇÃO EDITORIAL
Karol Oliveira

DIREÇÃO DE ARTE
Tiago Rabello

REVISÃO
Diego Franco Gonçalves

CAPA
Ana Stancioli Castriota

DIAGRAMAÇÃO
Luís Otávio Ferreira

R433 Re)significando a autoestima : teorias e práticas na
psicologia positiva e terapias cognitivo-comportamentais
/ José Mendes… [*et al.*]. – Belo Horizonte : Artesã, 2021.
100 p. ; 21 cm.
ISBN: 978-65-86140-70-5

1. Autoestima. 2. Psicologia positiva. 3. Terapia cognitivo-comportamental. I. Mendes, José.

CDU 159.9.018

Catalogação: Aline M. Sima CRB-6/2645

IMPRESSO NO BRASIL
Printed in Brazil

(31)2511-2040 (31)99403-2227
www.artesaeditora.com.br
Rua Rio Pomba 455, Carlos Prates - Cep: 30720-290 | Belo Horizonte - MG
/artesaeditora

APRESENTAÇÃO

ESTE LIVRO FOI PENSADO POR NÓS, QUATRO PROFISSIONAIS de Psicologia, com vasta experiência no contexto clínico e de pesquisa. Através do nosso conhecimento, queremos contribuir para o seu bem-estar e uma maior autoestima e a nossa intenção é que este livro seja de leitura fácil, prático e interativo.

Existem diferentes livros sobre autoestima, sendo que a maioria são caracterizados como livros de autoajuda. No entanto, acreditamos que muitos dos insucessos, se devem ao fato de algumas das nossas mudanças não serem acompanhadas de um conhecimento científico. Com este livro, pretendemos propor algo diferente: *i)* um livro baseado na ciência, de forma que você possa conhecer um pouco melhor o que é a autoestima, *ii)* o que quer realmente mudar de forma a manter uma autoestima, e *iii)* apresentar algumas técnicas que possam contribuir para melhorar essa autoestima, de forma mais dinâmica.

Já atendemos muitas pessoas e damos aula para muitos alunos em graduação e pós-graduação que pedem sugestões de um livro que aborde de forma clara e concisa a autoestima, pois as pessoas querem cada vez mais se conhecerem, mudar comportamentos e pensamentos que lhes tragam felicidade e bem-estar. Acreditamos que um livro pode gerar mudanças de pensamentos nas pessoas, proporcionam-lhes um elevado crescimento pessoal e profissional, no entanto, salientamos que a sua leitura não substitui de forma alguma um acompanhamento/tratamento psicológico ou psiquiátrico. Construímos este livro para aqueles que decidiram iniciar o seu processo de mudança, mas ele também pode auxiliar no seu tratamento junto de profissionais qualificados (por exemplo, psicólogos e psiquiatras), se for o caso.

Este livro pode ser utilizado por leitores, profissionais de diferentes áreas - principalmente da Psicologia e Psiquiatria, ou não - e neste último sugerimos ser indicado para biblioterapia. Para quem desconhece este termo, a biblioterapia é uma técnica recomendada por profissionais aos seus pacientes, é considerada como material prático, para que o mesmo leia, assinale o que foi/é importante e que seja posteriormente discutido em psicoterapia.

Decidimos realizar este livro em um formato com poucas páginas para que os leitores possam iniciar a sua leitura e terminá-la de forma prática e didática. Assim, o leitor pode perceber e estabelecer as suas próprias metas, praticando algumas técnicas/atividades aqui propostas que consideramos serem úteis. Por incrível que pareça, uma autoestima muito baixa (disfuncional) pode interferir, tanto em aspectos físicos (tais como, não praticar exercício físico, levando a um aumento do peso; não cuidar da sua aparência, não se pentear, maquilhar, entre outros) como emocionais (sentir-se triste por perceber que não o/a valorizam; não sentir orgulho próprio; entre outros sentimentos menos positivos).

Existem inúmeras teorias que ajudam a compreensão do comportamento humano, no entanto, consideramos recorrer ao modelo teórico Terapia Cognitiva Comportamental (TCC) e Psicologia Positiva, por serem teorias e modelos de avaliação e intervenção que apresentam evidências em pesquisas, relatadas em vários livros e artigos científicos na área, principalmente a TCC por ser uma teoria mais estudada (começou na década de 60) em relação à Psicologia Positiva que surgiu mais recentemente (surgiu nos anos 90).

A TCC é uma intervenção de curta duração, voltada para o presente, direcionada para a solução de problemas atuais, centrando a sua atenção na modificação de pensamentos e comportamentos considerados inadequados e/ou inúteis, Beck (2013). Por sua vez, a Psicologia Positiva centrada em vários aspetos que condicionam a felicidade do ser humano, procura compreender os fenômenos humanos considerados mais positivos, como por exemplo, o bem-estar psicológico e as relações saudáveis, o desenvolvimento da positividade, a autenticidade, a satisfação *versus* prazer, realismo, entre outros, Seligman e Csikszentmihalyi (2000). A Psicologia Positiva introduz o conceito da felicidade como um caráter científico auxiliando as pessoas a conquistar uma maior satisfação e plenitude com o fortalecimento dos seus aspectos internos. Portanto, esses modelos teóricos podem contribuir no bem-estar geral, trazendo uma melhor qualidade de vida e uma autoestima mais fortalecida (funcional).

INTRODUÇÃO

A AUTOESTIMA É UM TERMO AMPLAMENTE ESTUDADO, SENDO William James, Alfred Adler, George Herber e Gordon Allport considerados os primeiros teóricos da Psicologia a realizarem esforços para compreender este conceito, que tanto se ouve falar no nosso cotidiano. Se pensarmos um pouco, até nós próprios já alguma vez fizemos algum tipo de comentário, tal como *"tens de melhorar a tua autoestima"*. A maioria dos indivíduos quando faz uma avaliação de si mesmo, pode ter a tendência a perceber que o seu desempenho parece ser inferior, ou por exemplo, achar-se menos bonito em relação a outros indivíduos. Ao realizar este tipo de comparação, o indivíduo irá autovalorizar-se, no entanto, o resultado dessa avaliação dependerá de inúmeros fatores (por exemplo, características da personalidade, características culturais, entre outras).

Vários autores defendem que a maioria dos indivíduos ao perceberem que atingiram os seus objetivos, têm a tendência a apresentar uma autoestima elevada, enquanto que outros quando não atingem esses objetivos apresentam uma menor autoestima. Contudo, estes sentimentos podendo ser desconstruídos (durante um determinado período temporal) quando existem comentários negativos e que façam sentir nesse indivíduo uma redução do seu valor como pessoa.

MAS PODE A AUTOESTIMA SER MEDIDA?

De fato, a maioria dos estudos mede a autoestima como uma dimensão global, atribuindo-lhe uma medida (baixa/pequena, alta/elevada). Em 1965, Morris Rosenberg publicou na sua obra "*Society and the adolescent self-image*", uma escala com 10 afirmações, no qual o indivíduo deverá selecionar uma opção de resposta desde o "discordo totalmente", "discordo", "concordo" e "concordo totalmente", com o objetivo de avaliar a autoestima, desde então, conhecida como Escala de Autoestima de Rosenberg, amplamente utilizada em muitos países. A soma dessas afirmações (positivas e negativas) terá um resultado, e quanto mais elevado, indica níveis mais altos de autoestima. Se existe um número associado a esse resultado, tem de efetivamente existir uma "medida". Enquanto profissionais e investigadores na área das ciências sociais e humanas, mais especificamente no estudo do comportamento e funções mentais do ser humano (Psicologia), debatemos entre nós autores, a utilização dessa mesma medida (baixa/alta autoestima ou autoestima pequena/elevada) ao longo deste livro que criamos para si.

Estimado leitor, acredite que nesta "discussão" a nossa autoestima oscilou! Sim, é verdade. A razão desta oscilação, deveu-se ao fato de todos os autores sentirem que escrever um livro de autoestima seria desafiador, mas uma tarefa de relativa simplicidade. No entanto, nas duas primeiras revisões surgiram as críticas, seguidas de várias revisões e trocas de experiências e visões pessoais e profissionais que muito diferem entre si, por exemplo, as características culturais entre os dois países Brasil e Portugal. É nesse preciso momento que todos os autores se avaliaram, e que certamente sentiram a sua autoestima ameaçada dando sinais de desconforto, existindo a necessidade de se refletir sobre as críticas a que foram alvo e se autocriticaram. É certo que de imediato se muniram de autocompaixão e estratégias positivas, para que no final pudessem tomar uma decisão unânime.

Assim, atrevemo-nos a não recorrer a uma medida de autoestima, mas sim caracterizar a autoestima como funcional (avaliação global positiva) e disfuncional (avaliação global menos positiva). Por exemplo, uma pessoa pode apresentar uma visão funcional ou disfuncional sobre a sua aparência física, habilidades, realizações, capacidades, entre muitas outras características que a definem. Conforme afirmam Poletti e Dobbs (2013) "a autoestima é uma moeda frágil e instável, que aumenta quando respeitamos os nossos próprios valores e diminui toda a vez que o nosso comportamento os contradiz" (p.7).

Perante esta instabilidade, afirmamos a você que está lendo este livro, que de altos e baixos todos os seres humanos estão sujeitos, no entanto, cabe a cada indivíduo gerir de forma mais saudável o seu crescimento pessoal, que acreditamos que quando mais funcional for esse crescimento, maior será o bem-estar do indivíduo. Veja-se que Freud também utilizou a palavra narcisismo de forma indistinta como sinônimo de autoestima, o conceito de grandiosidade se definir como uma autoestima exagerada ou uma apreciação desmedida que o indivíduo faz das suas habilidades, conquistas, talentos, entre outros e tanto a mania como a hipomania estarem associadas com uma autoestima exacerbada que prejudicam o indivíduo (Sadock, et al. 2019).

Apesar de os indivíduos apresentarem um nível geral de autoestima, esta não é unidimensional porque um indivíduo pode ser bom numa determinada tarefa, mas pode não o ser noutra, afetando assim a autoestima. Um indivíduo que tende a apresentar uma autoestima saudável, tende a aceitar que o fracasso também é uma parte inevitável da vida.

AUTOESTIMA:
EU E OS OUTROS

O SENTIDO DO EU GEROU ENTRE NÓS AUTORES, MAIS UMA profunda reflexão sobre qual a terminologia mais adequada para nos referirmos à influência que a autoestima, exerce de uma forma consciente ou inconsciente em cada indivíduo. Para Allport (1966), o EU é algo de que estamos imediatamente cientes e desempenha um papel crucial em nossa consciência, em nossa personalidade e em nosso organismo, isto é, o EU é o núcleo do nosso SER.

Damásio (2010), faz nota de que o termo EU (pronome) e o termo *Self*[1] (ego, eu, pessoa, personalidade) apresentam um significado diferente. De fato, quando "pensamos" no EU, vemos de imediato a nossa autoidentidade, isto é, temos a noção do físico e do psicológico que nos caracterizam. Por sua vez, consideramos que o *Self* é a consciência de quem somos, isto é, todos temos consciência dos diferentes aspetos do nosso EU em determinados contextos (familiares, sociais, laborais, outros), determinadas emoções e determinados momentos. Em suma, o *Self* que se expressa e conhece é altamente variável e socialmente contextualizado, desenvolvendo um senso de quem somos através das interações com os outros. O *Self* inclui sentimentos e emoções, conhecimento sobre si próprio, autoestima, entre outros.

Durante toda a vida e no decorrer do nosso cotidiano, ouvimos expressões direcionadas a nós próprios ou direcionadas a outras pessoas, tais como: "tens que aumentar essa autoestima!", "a tua autoestima hoje está o máximo!", "estás com baixa autoestima!", "já viste no blogue 25 frases que podem elevar a tua autoestima? Acredito que essas frases te possam ajudar!". É certo que o conceito de autoestima tem sido amplamente estudado, mas o seu significado quase corre o risco de se perder. Certamente que as nossas experiências através da interação com os outros e como estes reagem e nos respondem, influenciam os valores e as crenças que adquirimos durante estas experiências.

1 https://www.infopedia.pt/dicionarios/ingles-portugues/self

Muitas vezes, atribuímos uma causa de tudo o que nos acontece (o bom e o mau) à tão "abençoada" autoestima, talvez porque o *Self* seja moldado através das relações interpessoais em constante processo de construção, onde não só absorvemos de forma passiva, como integramos e interpretamos *feedback* dos outros. Perdoem-nos a nossa humilde "afirmação", mas acreditamos que muitas pessoas, e quem sabe a população em geral, fala e comenta sobre a autoestima, sem saber que as características culturais, as emoções, *Self*, entre outras variáveis, têm uma forte influência na (re)construção de tal definição que é a "AUTOESTIMA".

A verdade é que consideramos o conceito autoestima como "único", contudo, esse conceito pode ser interpretado conforme a perspectiva/visão de cada pessoa. Vejamos, o significado de autoestima apresentado num dos dicionários portugueses, define-se: "*estima por si próprio*" e "*opinião favorável de si mesmo*".[2] Esses significados, na nossa opinião, revelam um conceito muito vago para uma verdadeira compreensão do conceito de Autoestima.

MAS AFINAL O QUE É A AUTOESTIMA?

Em 1965, Morris Rosenberg afirmou que a autoestima se refere à "avaliação global positiva que o indivíduo tem de si, isto é, consiste no respeito e dignidade que o indivíduo considera possuir como suas características próprias". Para este autor, o indivíduo é ao mesmo tempo o observador e o observado; o avaliador e o avaliado, e o juiz e o julgado. Por outras palavras, o mais importante para o indivíduo é o que este sente sobre si mesmo, avaliando-se constantemente e agindo conforme os seus pensamentos, valores, crenças, entre muitas outras características. Morf e Koole (2015) caracterizam a autoestima como

2 Autoestima. (06 de maio, 2021). No Infopédia. https://www.infopedia.pt/dicionarios/lingua-portuguesa/autoestima

uma dimensão da avaliação geral que uma pessoa faz de si mesma, podendo essa avaliação ser mais funcional ou disfuncional. A autoestima será então o que a pessoa sente relativamente às suas qualidades, sentimentos e valor próprio. Assim, cada pessoa faz um julgamento sobre si mesmo, expressando atitudes de maior ou menor aprovação, construindo um conjunto de ideias/julgamentos que tem de si próprio quanto à sua eficiência e valor, por exemplo, a pessoa questiona-se ao longo da sua vida sobre "Quem eu sou? O quanto eu sou bom? Em quem me poderei tornar?".

Todas as suas questões e as respostas que dará a si mesmo são legítimas, pois todas as pessoas na sua infância, adolescência, adultez e velhice transitam por mudanças, sendo essas mudanças maioritariamente mais comuns na fase da adolescência. A nossa prática clínica e até mesmo a literatura, confirma que a fase da adolescência é quando a pessoa demonstra as suas maiores incertezas sobre o que são e o que poderão vir a ser. Por exemplo, além das alterações na imagem corporal na adolescência (bem visíveis principalmente nas mulheres), existem também alterações internas que prosseguem a um ritmo acelerado, onde os desejos surgem instantaneamente, construindo o *Self* através de mudanças psicológicas que encaminham as pessoas para novos interesses, atitudes e valores.

Quantas vezes sentiu que as suas ideias estavam pouco claras perante um determinado assunto, quer seja no seu cotidiano pessoal, quer seja no seu cotidiano profissional? Quantas vezes se sentiu numa encruzilhada sobre os seus deveres, direitos e responsabilidades? Quantas outras perguntas sem resposta sentiu ao longo do seu desenvolvimento como pessoa? Acha que é o(a) único(a) a colocar tantas questões? A resposta a essa última pergunta é NÃO! Todas as pessoas vivenciam uma ambiguidade, acentuada pelas experiências passadas e pela percepção de experiências futuras. E essa ambiguidade influencia a nossa autoestima, isto é, a nossa autoestima pode variar conforme as experiências vividas e com as experiências que se pretendem viver. Aqui, você tem um papel primordial sobre a sua autoestima.

AINDA NÃO ESTOU COMPREENDENDO! MAS PORQUE É QUE A AUTOESTIMA TEM TANTA IMPORTÂNCIA PARA NÓS?

Seguindo uma das definições do dicionário de língua portuguesa "*estima de si próprio*" significa o quanto você se estima, o quanto você gosta de si mesmo. Assim, revela-se importante esclarecer que para se compreender a importância que a autoestima exerce sobre nós (por exemplo, qualidade de vida), importa primeiro que tudo compreender qual a relação entre o autoconceito e a autoestima na construção do *Self*.

Na visão de Baumeister (1997), o *Self* é a totalidade do indivíduo, incluindo o corpo, a reputação (o que os outros conhecem da pessoa) e o sentido de identidade. Assim, o *Self* inclui um corpo físico, pensamentos e experiências conscientes de que alguém é único, diferenciando-o das outras pessoas. Para Vaz Serra (1988), prestigiado psiquiatra português, "O autoconceito pode ser definido de forma simples, como a percepção que o indivíduo tem de si próprio e o conceito que, devido a isso, forma de si" (p.101), isto é, abrange o sentimento direto que cada pessoa tem de acesso privilegiado aos seus próprios pensamentos, sentimentos e emoções. O autoconceito envolve uma rede de crenças que temos de nós próprios, que surgem das nossas experiências, incluindo as nossas características, valores, papéis sociais, medos, objetivos entre outros (Morf & Koole, 2015).

Além de outras dimensões que constituem o autoconceito, a autoestima é considerada uma das dimensões mais importantes do autoconceito, dado que a pessoa avalia as suas qualidades, valores, virtudes e desempenhos. Quanto mais a pessoa se identificar como competente e eficaz naquilo que faz, maior será sua autoestima. Um estudo de Strunk revelou que o nome e a autoestima estão estreitamente relacionados, em que as pessoas que não gostam de seus nomes, não gostam de si mesmas, Allport (1966). Se questionarem quem você é, começa por se descrever, sentindo saber quem você realmente é e que se conhece melhor que ninguém, iniciando uma introspecção que muitas vezes reduz a precisão do autoconhecimento. Salientamos que a autoestima é muito influenciada pelas características culturais, a título de exemplo se refere que em algumas culturas, a competição se associa à autoestima enquanto que em outras culturas o indivíduo identifica a sua autoestima com a sua estima que tem pelo grupo em que este se insere.

A autoestima considera-se assim um elemento importante, permitindo que nos aceitemos a nós próprios, valorizando e projetando as nossas experiências com recurso a pensamentos e sentimentos que dizem respeito a nós. Perante a essas palavras, cabe a cada pessoa amar-se e contemplar-se como um ser único, acreditando ser diferente de qualquer outra pessoa e que ninguém é igual a ninguém, parecidos sim, mas iguais, NÃO!

E QUAL É O PAPEL DOS OUTROS NA MINHA AUTOESTIMA?

Eis uma questão de elevada relevância, uma vez que até ao momento, e segundo os autores referidos a autoestima é o quanto a pessoa se valoriza, pensa, e sente sobre si mesma. Lembre-se que a autoestima pode variar segundo as suas experiências de vida e as suas expectativas para com o futuro, mas esta também é afetada pelo seu ciclo de desenvolvimento em que se encontra (isto é, se está na fase da infância, adolescência, adultez ou velhice). Por exemplo, na infância acontecimentos menos positivos (por exemplo, divórcio dos pais, perdas significativas, *bullying*) podem afetar a autoestima de uma criança, uma vez que estas podem sentir-se diferentes das outras, apresentando sentimentos de tristeza, inutilidade, entre outros.

Durante os nossos primeiros anos de vida, absorvemos imensa informação, estabelecemos relações entre as experiências que dão origem às aprendizagens mais básicas. Os conhecimentos que se adquirem na infância ficam fortemente impressos na nossa personalidade para o resto da vida, por isso é importante que criemos um excelente autoconceito e uma autoestima que nos afirme como seres "únicos".

Na adolescência (fase em que as pessoas procuram maior aceitação) é possível que em vez de prestígio na sociedade em geral, o adolescente seja influenciado predominantemente na sua autovalorização. Nessa fase do desenvolvimento, as pessoas questionam-se constantemente (umas vezes com mais intensidade que outras) e procuram selecionar o que consideram mais importante reter para a construção da sua identidade como pessoa.

Durante a idade adulta, a autoestima é influenciada por imensos fatores, principalmente pelas experiências vividas na infância e adolescência. Em suma, a sociedade exerce muitas vezes uma enorme pressão sobre nós, influenciando uma variação da autoestima entre uma avaliação global mais positiva ou menos positiva que tem sobre si, mas é VOCÊ quem decide quais as estratégias necessárias para a construção da sua autoestima. Lembre-se quanto a nossa autoestima centraliza a nossa vida social, por exemplo, envergonhar uma pessoa é demover a sua autoestima.

Algumas pessoas apresentam uma autoestima mais elevada em relação a outras pessoas, porque elas se veem de uma forma mais positiva do que negativa, apresentam-se mais confiantes sobre o seu sucesso na concretização dos seus objetivos e também apresentam maior otimismo. De uma certa forma, todas as pessoas são influenciadas quer seja pelos seus familiares, amigos, colegas de trabalho e até mesmo as pessoas que acabamos de conhecer. Se a autoestima de uma determinada pessoa é influenciada pelo que os outros pensam dela, há razões para esperar que essa pessoa seja melhor aceite nesse grupo de pessoas.

CONSIDERE E EXAMINE OS SEGUINTES CENÁRIOS:

Cenário Familiar – se, no decorrer da nossa infância, as pessoas que nos são significativas (por exemplo, pais, irmãos, tios, avós, outros) verbalizarem elogios positivos (por exemplo, "és tão inteligente", "tão bonito(a)", "tão estudioso"), é muito provável que desenvolvamos um autoconceito (percepção de nós mesmos) positivo, e como a autoestima é uma dimensão importante no autoconceito, essa autoestima será inevitavelmente positiva, isto é, quanto maior for a autoestima, maior será a confiança que temos em nós;

Cenário de amigos (pares) – se, no nosso grupo de amigos, formos alvo de críticas construtivas, tais como, "obrigado pela tua excelente amizade", "és muito bacana", "és uma pessoa surpreendente", "és uma pessoa tão feliz", existe uma grande probabilidade de tais comentários aumentarem a nossa autoestima, influenciando assim o nosso autoconceito positivo;

Cenário com colegas de trabalho – se, no nosso cotidiano profissional, o nosso líder valorizar o nosso esforço e os nossos colegas de trabalho comentarem, por exemplo "como é que você consegue fazer esse trabalho tão chato?", "admira-me a tua organização", "ensinas-me a lidar com este problema?", "és muito inteligente", "andas sempre tão feliz", entre outros comentários agradáveis, a nossa autoestima florescerá no local de trabalho, trazendo-nos sentimentos de bem-estar e felicidade;

Cenário de uma pessoa que acabamos de conhecer – se, num momento da nossa vida, conhecemos alguém que nos presta elogios idênticos aos referidos nos cenários anteriores, essa autoestima também pode aumentar. O mesmo acontece quando elogiamos alguém que nós conhecemos, podendo contribuir para o aumento da autoestima dessa determinada pessoa.

O percurso de cada indivíduo é formado pelas crenças que cria, considera como importantes para o seu cotidiano no geral (pessoal, profissional, familiar), onde as emoções têm uma forte influência sobre a autoestima. Questione-se: o quanto aceita o mundo à sua volta, sente amor por alguém, está satisfeito no seu dia a dia, estimula o que faz com mais entusiasmo e energia, adora o que faz para si e para os outros, sente satisfação e confiança e o quanto se ama. Essas são algumas das emoções que contribuem para a visão que tem de si mesmo, afetando positivamente a sua autoestima, valorizando a sua aparência física, as suas realizações pessoais e profissionais, habilidades e sucesso!

Compreender o quanto os outros podem afetar a sua autoestima pode ser importante para si, mas nunca se esqueça que a decisão de deixar os outros afetarem a autoestima é sempre sua. Você é detentor da força e do poder de construir o seu EU, é você quem escolhe o que é mais importante para si; é você quem decide como viver o seu cotidiano; é você quem vive intensamente as suas experiências. Mas como já foi referido anteriormente, não é o(a) "único(a)", pois todas as outras pessoas também constroem a sua autoestima. Perante um determinado acontecimento, todas as pessoas que o presenciam reagem de forma diferente, assim, mantenha sempre em mente que "[...] os indivíduos reagem não diretamente aos acontecimentos, mas sim à representação que fazem dos acontecimentos e que estas representações se encontram reguladas pelos princípios e parâmetros da aprendizagem [...]" (Gonçalves, 2000, p.16). Quando se confronta com um acontecimento, o seu comportamento irá depender da percepção e da interpretação que fará desse acontecimento (com influência das suas experiências já vividas e do meio em que está inserido).

Uma pessoa, ao apresentar uma autoestima mais funcional, sente-se capaz de influenciar positivamente a opinião e comportamento de outra pessoa, enfrenta novas situações com maior confiança, aceita as suas responsabilidades, avalia corretamente as situações, comunica sentimentos positivos sobre si mesmo, mantém o autocontrole e tem a crença de que o resultado de muitas das suas ações, são determinadas pelo seu comportamento, Holloway (2016), podendo o orgulho ser um sinônimo comum para autoestima, Allport (1966). A maior parte das pessoas reagem às suas experiências conforme a funcionalidade da sua autoestima, ao ponto de se afirmarem como competentes e a satisfazerem as suas necessidades mais básicas.

Para Brown (1998), o conceito de autoestima é usado de três formas distintas, assim, de forma a que possamos apresentar um breve resumo e elucidar sobre um conceito mais "verdadeiro" de autoestima, a Figura 1 apresenta essas formas distintas de a pessoa validar/construir a sua autoestima:

Figura 1 - Três significados que contribuem para o conceito de autoestima

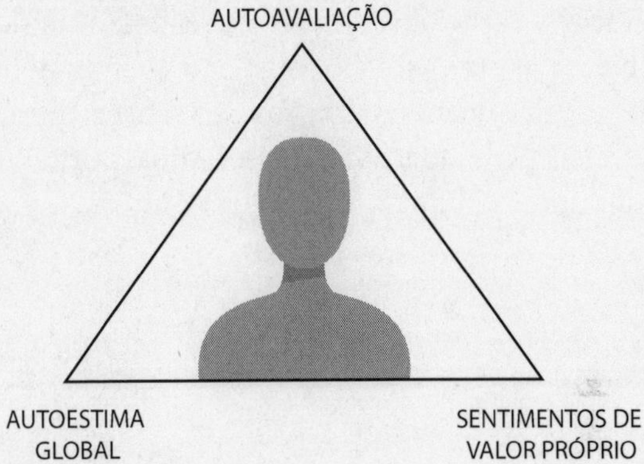

Autoestima global – uma alta autoestima pode caracterizar-se por um carinho ou amor geral por si mesmo e a baixa autoestima pode caracterizar-se por sentimentos menos positivos ou ambivalentes em relação a si próprio (autoestima global);

Autoavaliação – a autoestima também é utilizada para se referir à maneira como as pessoas avaliam por exemplo as suas habilidades e atributos. Uma pessoa que faça uma avaliação positiva de si mesma, leva a acreditar que tem muitas qualidades positivas;

Sentimentos de valor próprio – a autoestima é também usada para se referir a estados emocionais momentâneos, isto é, quando em determinados momentos a pessoa sente a sua autoestima aumentada ou ameaçada.

Reconheça e tenha orgulho das suas realizações, concentre-se na resolução dos seus problemas, esteja consciente das suas necessidades, mantenha atividades que lhe proporcionem sentimentos positivos. Ninguém nasce com autoestima! A autoestima é o resultado dos filtros que você faz das opiniões, comentários, aparência física, sugestões e ações das pessoas que o rodeiam através dos sentimentos da autoimagem que tem de si e dos outros. Procure a autoconfiança, não se culpe e reconheça os seus limites, seja otimista, tenha orgulho de si, conheça as suas emoções, avalie os acontecimentos como causa de um todo, estabeleça os seus limites e diga não quando necessário. Não se esqueça que quando os outros não satisfazem as nossas necessidades, há perda massiva de autoestima, portanto, cuide de si e da sua autoestima.

A RELAÇÃO ENTRE AUTOESTIMA E AUTOIMAGEM

TAL COMO A AUTOESTIMA, O CONCEITO DE AUTOIMAGEM NO dicionário da língua portuguesa se define como a "imagem que se tem de si mesmo",[3] revelando-se um conceito muito amplo. Agora questionamos: que imagem tem de si próprio?

A consciência do EU (*Self*) se desenvolve gradualmente através de 5 aspetos: *i)* sentido do eu corporal, *ii)* sentido da continuidade da autoidentidade, *iii)* autoestima, orgulho, iv) a ampliação do *Self*, e v) a autoimagem. O sentido de identidade do indivíduo, sua autoimagem e a sua capacidade de ampliação do *Self* são desenvolvidos ao longo do seu desenvolvimento, Allport (1966). É certo que a autoimagem implica um longo processo, em que existe uma relação entre a formação da autoimagem e a consciência que temos de nós próprios. Muitas vezes perdemos a noção de quem somos e do ambiente que nos rodeia, ficando inconscientes de tudo o que passa à nossa volta, Damásio (2010). Para esse autor, consciência *"é um estado mental em que temos conhecimento da nossa própria existência e da existência daquilo que nos rodeia"* (p. 199). Sem consciência, a pessoa não teria desenvolvido a criatividade, não existiria música, amor, amizade, entre outras características e experiências inerentes ao ser humano.

A autoestima é considerada um traço/característica da personalidade de cada pessoa, relacionando-se assim com a autoimagem e à consciência. Assim, como qualquer outro traço/característica da personalidade, a autoestima pode abranger um determinado grau ou nível (baixa autoestima *versus* alta autoestima). Para que se atinja o sentimento de felicidade é necessária uma forte autoestima. Por exemplo, imagine que você esteja desempregado, e quando concorre para um determinado emprego, não é admitido. É possível que nessa situação apresente baixos níveis de autoestima (por exemplo, desvaloriza-

3 Autoimagem. (06 de maio, 2021). No Infopédia. https://www.infopedia.pt/dicionarios/lingua-portuguesa/autoimagem

ção do próprio *Self*), mas se ficar selecionado nesse concurso é muito provável que apresente elevados níveis de autoestima (por exemplo, valorização/reconhecimento do próprio *Self*).

Estar consciente da sua autoimagem é fundamental para que uma autoestima funcional não seja propensa a tornar-se numa pessoa vaidosa, arrogante e até mesmo narcisista. Procure não se considerar o centro do universo, falar das suas grandezas, experiências incomuns ou até mesmo maravilhosas. Ao invés desses comportamentos, procure manter uma autoestima saudável, reconheça que não é um ser perfeito e procure utilizar estratégias que o ajudem olhar para sua autoimagem positivamente.

Na maioria das vezes, quando as pessoas se referem à terminologia de autoimagem, o pensamento remete-nos de imediato para uma observação da própria imagem corporal através de um espelho, no entanto, uma pessoa pode observar a sua autoimagem sem se olhar ao espelho, isto é, através de uma reflexão pessoal (o que se chama de introspecção, olhar o que se passa no interior), pode trazer à consciência o que a pessoa sente sobre si mesma. Na opinião de Mendes, Freysteinson, Gamboa, e Pereira (2017), olhar-se ao espelho implica muito mais que observar a sua imagem corporal, existindo um conjunto de processos internos, tais como, decidir se quer ver ao espelho, o que vê realmente no espelho, o que significa a imagem que vê no espelho, o consentimento de manter-se em frente ao espelho e por fim o que irá perceber da imagem que vê no espelho. Portanto, a autoimagem e a autoestima parecem influenciar-se mutuamente, mas tenha em consideração que essa influência mútua resulta da construção que fez/faz/fará do seu próprio *Self*.

Quando observar a sua autoimagem, aceite, concorde com as suas virtudes e defeitos; se respeite, tratando bem os outros como trata de si; acredite no que é mais importante para si como pessoa, merecendo o bom que a vida lhe proporciona; confie nas suas escolhas e o quanto positivo essas escolhas serão para si como pessoa. O psicólogo norte-americano Carl Rogers (2009) acredita que as pessoas necessitam de uma relação na qual são aceites, onde o ser humano é socializado nos seus desejos. Procure na sua autoimagem sentimentos de segurança que assumam as suas opções pessoais de forma a que o encaminhem a ser quem você quer ser. A autoestima precisa de vir de dentro e não depender de fontes externas, bens materiais, estatuto socioeconômico ou aprovação das pessoas, mas ter autoestima também não é significado que pode depreciar os outros para que você se sinta bem consigo mesmo.

MAS A AUTOIMAGEM CORPORAL INFLUENCIA A AUTOESTIMA?

A imagem corporal é uma percepção dinâmica que a pessoa tem do seu próprio corpo (por exemplo, sentimentos, momentos, forma, emoções), isto é, a imagem que temos do nosso corpo não é estática, podendo mudar conforme o nosso humor, experiências corporais e o meio ambiente que o rodeia. Vários autores defendem que a imagem corporal está ligada à autoestima, confiança interpessoal, comportamentos, estabilidade emocional... Muitas vezes a satisfação com que a pessoa sente relativamente ao seu corpo está associada às interações pessoais, sentimentos de felicidade, prática de exercício físico, entre muitas outras variáveis, o que torna complexa a compreensão do impacto psicossocial da aparência de uma pessoa (Cash & Smolak, 2012; Grogan, 2017; Mendes & Pereira, 2018; Rumsey & Harcourt, 2012).

A aparência física é um dos maiores preditores de autoestima na fase da adolescência, portanto, quer a autoestima, quer a autoimagem corporal, onde a família, os amigos, os meios de comunicação social e as reações da sociedade ou cultura em que a pessoa se insere afetam fortemente estes dois conceitos. Por outras palavras, a autoconsciência da aparência de uma pessoa irá determinar o quanto a pessoa aceita o seu corpo e essa avaliação irá influenciar a autoestima, por sua vez, uma autoestima disfuncional ou autoestima funcional também poderá influenciar a autoconsciência da aparência.

Procure manter uma autoimagem autêntica e transparente, em que você é caracterizado pelos seus sentimentos reais; aceite a sua autoimagem afetuosamente e com apreço de forma a aceitar-se como uma pessoa diferente das outras; e procure uma capacidade sensível de olhar a sua autoimagem interna e externa de forma a se aceitar a si como pessoa e a aceitar o que os outros pensam/dizem sobre si. Ao ser autêntico, tornar-se-á uma pessoa mais expressiva, segura, afetuosa e com a capacidade de enfrentar possíveis adversidades no seu cotidiano.

Recorde sempre que "o mundo não é o que existe, mas o que acontece" (Gonçalves, 2002). Conforme referimos anteriormente, e agora o expressamos por outras palavras, você pode passar da condição de leitor (passivo) à condição de autor (ativo). Através da Figura 2, poderá verificar que tanto a avaliação da autoimagem, como a avaliação da autoestima se influenciam por fatores externos, e quando a pessoa traz à sua consciência ambas as avaliações, existem processos internos que avaliam a informação recebida por ambos os conceitos. O resultado da avaliação interna irá depender da filtragem de informação intra e interpessoal, realizada por si na construção da sua identidade.

Figura 2 - Fenômeno intrapsíquico e influências externas

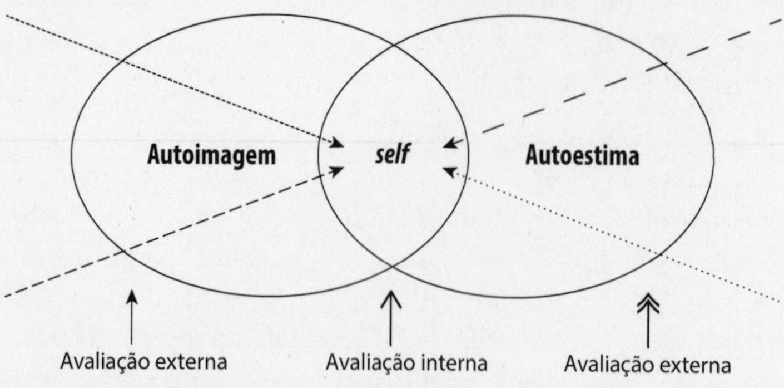

Nota: as setas são outros fatores que influenciam o desenvolvimento do Self.

Importa reforçar que tanto a autoimagem como a autoestima são influenciados por processos psicológicos do *Self* e das emoções dentro do contexto sociocultural em que a pessoa se insere, onde a autoestima de cada pessoa depende de um conjunto de emoções autoconscientes (Kitayama et al., 1995; Neff & Vonk, 2009). Em suma, o meio ambiente que nos rodeia exerce alguma influência nos processos psicológicos (por exemplo, tendências cognitivas, emocionais, motivacionais e interpessoais), que afetará o comportamento habitual da pessoa, em que a autoestima irá aumentar a persistência e a vontade de experienciar comportamentos aventureiros.

Esse mecanismo psicológico entre a interação da autoimagem e autoestima, são sistemas autônomos de processamento de informação que codifica, interpreta e elabora um determinado estímulo que será representado mentalmente e, por sua vez, é pensado para controlar a ação subsequente. Por exemplo, se uma determinada norma social variar, irá variar também o comportamento social, no entanto, se uma pessoa desejar manter a sua autoestima, pode desconsiderar um *feedback* que recebeu menos positivo, atribuindo-lhe pouco significado. Para possuir uma "verdadeira autoestima" ou uma "autoestima ideal", a pessoa necessita de uma autodeterminação e de uma avaliação autônoma de si mesma, não ficando dependente dos seus resultados pessoais ou de aprovação social, em que as autoavaliações da autoestima são estáveis. Na opinião de Neff e Germer (2019), a autocompaixão parece demonstrar-se como um poderoso antídoto para a insatisfação corporal, isto é, estudos defendem que um pequeno período de prática de autocompaixão pode ajudar um indivíduo a sentir menos vergonha da fisionomia do seu corpo, reduzindo os sentimentos de autoestima que dependem da aparência e os ajudam a valorizar o corpo como ele é.

Vários estudos têm sido realizados sobre a influência de como as preocupações com o corpo se manifestam no comportamento humano, tendo sido comprovado que uma visão menos positiva do corpo pode levar um indivíduo a desenvolver perturbações no comportamento alimentar, aumentar os níveis de ansiedade e de estresse patológico, aumento de sentimentos de tristeza, entre outras psicopatologias. Parece-nos assim evidente que a existência de falta de autocompaixão para com o seu próprio corpo, pode levar o indivíduo a não se aceitar, onde a autoconsciência da aparência poderá ser influenciada por uma autoestima disfuncional.

O QUE EU QUERO MUDAR?

A VIDA ESTÁ EM CONSTANTE TRANSFORMAÇÃO, NENHUM MOmento é igual ao outro. No intervalo entre dois acontecimentos, existe sempre a mudança e é a partir dessa mudança que a vida se transforma. Em todo o desenvolvimento do ser humano, e apesar das mudanças, os indivíduos tendem a manter alguma ordenação, por exemplo, os indivíduos que apresentam uma autoestima funcional em determinado momento tendem a manter uma autoestima funcional ao longo dos anos. No entanto, apesar dessa estabilidade geral de longo prazo, os autoesquemas (crenças e ideias que o indivíduo tem de si próprio) nem sempre são ativados ao mesmo tempo, acontecendo o mesmo com a nossa autoestima momentânea e flutuante de tempos em tempos, dependendo de fatores contextuais.

Baba (2017) menciona que a maior busca das pessoas devia ser o encontro de uma vida significativa, com paz e equilíbrio. Esse autor defende que a luz da bondade traz um desejo de ajudar as pessoas viverem com mais alegria. De fato, as mudanças na nossa vida devem visar realmente isso e a autoestima também é uma dimensão importante nesse aspecto, devendo ser considerada quando pensamos em uma vida boa e significativa. Assim, é necessário avaliar a nossa autoestima e compreender o que queremos mudar com relação a ela, o que precisamos aceitar e o quanto fomos influenciados pelos meios sociais a ficarmos menos satisfeitos.

Cada pessoa tem sua história que é permeada por coisas boas e coisas menos boas, por momentos desafiadores, superações, influências que recebemos, modelos que seguimos e experiências que vivenciamos. É natural que na nossa história haja sombras, mas também há luz (Baba, 2017), ou seja, repertórios funcionais ou disfuncionais de pensar e lidar com as situações, revelam-se importantes por meio do autoconhecimento. Essas "sombras" causam desconforto, e tendem a repetir-se padrões disfuncionais do comportamento, denominado na Terapia do Esquema como "Compulsão à Repetição[4]" (Young & Klosko, 2019).

A autoestima pode afetar a vida das pessoas de diversas formas, levando a consequências diretas (visão de si) e indiretas (comportamentos ligados a uma autoestima disfuncional), Neff e Germer (2019). As pessoas cuidam de si para apoiar e fortalecer a sua autoestima, enaltecer os seus medos existenciais, tornarem-se mais resistentes ao estresse, a sentirem-se mais felizes consigo mesmo, a serem mais otimistas em relação ao futuro e a apresentarem maior autoconfiança. Uma autoestima disfuncional pode direcionar o indivíduo a uma busca frenética por sempre mais, correndo riscos e ter comportamentos inadequados. Outro caminho comum que a autoestima disfuncional leva é para a esquiva, ou seja, a pessoa deixa muitas vezes de tentar fazer as coisas por não se achar capaz de conseguir (Ruiz, 2015), mas também existem pessoas que quando sentem a sua autoestima ameaçada, podem reagir contra o outro, agredindo a sua autoestima (Morf & Koole, 2015).

É aqui que a mudança se revela um processo importante, composta por várias etapas a fim de chegar ao seu real objetivo. A primeira etapa é se conhecer, o que chamamos de autoconhecimento, compreender quem somos, como nos percebemos, como nossa história influencia a ser quem somos. Para isso, convidamos o leitor a dar o primeiro passo e praticar a busca do seu próprio autoconhecimento, em especial da sua autoestima. Por gentileza, elabore este exercício preenchendo o formulário "Como Sou?" com as percepções que tem a seu respeito:

4 É comum as pessoas vivenciarem situações dolorosas e traumáticas ao longo da vida e, segundo a teoria da Terapia do Esquema, tendemos a buscar e repetir eventos dolorosos de caráter similar ao longo da vida.

EXERCÍCIO 1 — COMO SOU

Faça um desenho que represente como você se vê:

Todos os exercícios estão disponíveis para download no site da Artesã Editora no endereço **www.artesaeditora.com.br**

Quais as características mais marcantes que você percebe em você mesmo?

Quais dessas características são as melhores?

Quais coisas você acredita que mais lhe influenciaram a ser como você é?

Como você acredita que os outros percebem você?

A segunda etapa é reconhecer o que se quer mudar e principalmente entender o porquê é que se quer mudar. Conforme mencionado anteriormente, enquanto seres humanos somos constantemente influenciados pelos outros e a maneira como interpretamos isso afeta nossas satisfações e insatisfações diante das coisas. Assim, é importante buscar melhorar a cada dia, mantendo bem claro o que mudar realmente, pensando sobre importância e o impacto real que isso trará para a sua própria vida. Para auxiliar essa mudança convidamos você a elencar abaixo as coisas que quer mudar por si mesmo e as coisas que se percebe influenciado a mudar pelos outros:

EXERCÍCIO 2

Quais aspectos mais me incomodam em mim?

O que quero mudar em mim?

Por que é que eu quero mudar essas coisas?

Provavelmente refletir sobre isso mostra que nem todas as mudanças pretendidas são tão importantes assim para você, talvez muitas delas possam ser para se enquadrar em alguns padrões sociais, ou por crenças que você desenvolveu ao longo da sua história. Os pensamentos automáticos[5] dominam o funcionamento da maioria das pessoas, não sendo comum refletirem sobre esses pensamentos por serem padrões distorcidos de pensamentos. É comum não serem feitas reflexões acerca do conteúdo dos pensamentos, sendo que muitas ações são guiadas sem uma avaliação adequada, levando a comportamentos que podem gerar possíveis arrependimentos e insatisfações. Por isso, é necessário avançar mais um passo nessa análise, mas agora apenas com as mudanças que foram elencadas na coluna que realmente fazem sentido para você, que possuem uma justificativa real sobre a importância. Preencha a tabela abaixo com coisas que você não gosta em você, os pensamentos que tem relacionado a isso e, por fim, faça uma reflexão sobre o que talvez esses pensamentos mostram sobre você.

5 Pensamentos Automáticos: são pensamentos que surgem na mente rapidamente diante de qualquer acontecimento/ gatilho decorrentes das nossas crenças, sem passar por um processo de análise e verificação acerca da veracidade. Embora esses pensamentos pareçam ser verdadeiros, eles geralmente contêm distorções.

EXERCÍCIO 3

O que gosto menos em mim:

Pensamentos que tenho sobre o que quero mudar em mim:

O que esses pensamentos dizem sobre mim?

A partir dessa reflexão, as pessoas geralmente se dão conta de que muitas das suas insatisfações se referem mais ao sentimento de inadequação social, ou das crenças que formaram ao longo da vida, do que de fato a incômodos genuínos a respeito de si. O grande desafio é compreender que quando as mudanças não são feitas para si, elas geralmente não geram o efeito pretendido. Acredite que é comum as pessoas investirem grandes esforços em mudanças e, ao final, continuarem com um sentimento de pouca satisfação, com a sensação de que lhes falta algo, ou de que não foi o suficiente. Por isso, é fundamental se conhecer primeiro e compreender o que está por detrás das suas satisfações, pois só a partir disso é possível mudar de modo a buscar melhorias que possibilitem verdadeiramente outras satisfações.

PENSAMENTOS DA AUTOESTIMA (LEÃO E COBRA)

COMO JÁ PUDEMOS CONSTATAR ANTERIORMENTE, EM VÁRIOS momentos da nossa vida temos diferentes tipos de preocupações, que vão desde o se preocupar com algo importante até o se preocupar com algo banal. No entanto, durante o nosso percurso de vida existe uma exigência velada e por vezes até escancarada, despertando-nos a consciência para que estejamos atentos ao que está acontecendo em nosso redor. Essa atenção nos leva a mudar, a estar atualizados e nos permite desenvolver enquanto pessoa, ou seja, adquirimos competências profissionais e técnicas pessoais fortalecidas. Percebemos que conforme o meio cultural em que estamos inseridos, temos a necessidade de ser bons em tudo: profissional atualizado(a), bem vestido(a), culto(a), magro(a) e assim por diante. Assim, surge na maioria das vezes um aumento de exigências e com isso um aumento de ansiedade e muito provavelmente a reconstrução de uma autoestima mais disfuncional.

Para Leahy (2011), a ansiedade está aumentando acentuadamente a cada ano que passa, bem como a depressão. De fato, as profundas transformações que o indivíduo vivencia ao longo do seu desenvolvimento, provocam um sentimento de inquietação e de estranheza em relação a si próprio. Tanto um transtorno como o outro, acabam deixando a pessoa "para baixo", impactando a sua vida. Quando a ansiedade se torna patológica, a pessoa se sente incapacitada de fazer suas coisas em vários âmbitos: trabalho, social, acadêmico, pessoal, entre outros. Mas existe uma relação entre a ansiedade e a autoestima? E como não fazer com que a autoestima fique disfuncional?

A ansiedade não é negativa em si, mas esta pode tornar-se prejudicial quando a percepção que temos dos acontecimentos é menos positiva, tornando-se desajustada a uma determinada situação. Tomar consciência das nossas sensações permite-nos contatar com o nosso interior, valorizando o momento presente e não focar muito os eventos futuros. A autoestima por outro lado, permite ao indivíduo estabelecer uma relação entre o seu mundo interno e externo, no qual a percepção dos recursos internos e a forma adequada como o indivíduo os utiliza, fará com que o indivíduo desenvolva uma autoestima funcional. Então, cuidar da autoestima é sinônimo de cuidar de si, pensando também em promoção de saúde e bem-estar, capacitando-se de recursos adequados para melhor gerir as suas preocupações. Lembre-se que as preocupações acabam sendo ansiedade!

Neste livro, vamos focar nas preocupações e exigências consigo, ou melhor, vamos concentrar as suas energias na sua autoestima. Trazemos aqui mais um exercício para você refletir. Este exercício é baseado na Técnica Pensamento Leão e Cobra (Silva, 2020), e neste momento, pedimos que você siga os passos abaixo preenchendo o quadro B que está abaixo das explicações:

1. Na primeira coluna, pense primeiramente no que você escreveu na parte do livro sobre o que quer mudar. Veja se é isso mesmo que você quer mudar e escreva na primeira coluna. Fique à vontade para colocar o que realmente você quer mudar. Pensou? Escreveu? Então vamos em frente;
2. Na segunda coluna, pense como você quer ser, mas analisando se o **quer ser** está no plano do real e não no plano do impossível;
3. Na terceira coluna você vai descrever o que já fez, ou seja, todos os comportamentos realizados para atingir o que você gostaria de mudar. Coloque aqui todos que você já fez, os que deram certo e os que não deram;
4. Na quarta coluna, analise o que você anotou na terceira coluna e agora vai escolher uma das estratégias que possa ajudar a mudar;
5. Na quinta coluna vai dar uma nota no quanto acredita que pode mudar seu padrão de comportamento e pensamento, sendo 10 que você acredita muito que consegue mudar e o que não acredita;

6. Na sexta coluna, você vai anotar qual o pensamento mais forte enquanto você está preenchendo esse exercício. Não se julgue, anote apenas o pensamento. Esse pensamento é chamado pela Terapia Cognitiva (Beck, 2013) de pensamento automático, é o pensamento, como diz o nome, que vem automaticamente quando pensamos em alguma coisa;
7. Na última coluna, coloque se esse seu pensamento é Leão ou Cobra. Para Silva (2020), as preocupações LEÃO OU COBRA são a produtiva e a improdutiva. A preocupação denominada LEÃO **é produtiva, pois são os pensamentos relacionados** com a resolução dos problemas, conduz a uma ação que pode ser concretizada, por exemplo, fazer uma atividade física; cuidar da alimentação; arrumar-se para um encontro; fazer coisas que gosta ou entre outras. A autora usou o nome LEÃO, pois este animal é o símbolo de coragem, enfrentamento e autoconfiança, portanto, um solucionador de problemas. Em contrapartida, a preocupação denominada COBRA é a improdutiva, porque não dirige a qualquer ação prática, podendo fazer com que a pessoa paralise, deixe a pessoa ainda mais ansiosa e criar ainda mais problemas, ou seja, é a traiçoeira, sempre se preparando para dar um bote. Vamos aos exemplos no quadro A:

Quadro A – Exemplos preocupação Leão e Cobra

Situação	Preocupação COBRA	Preocupação LEÃO
Quero emagrecer.	Já fiz de tudo, como medicação e dieta.	Mas nunca fiz atividade física junto.
Quero me sentir mais confiante no trabalho.	Não adianta, sempre tem pessoas melhores do que eu.	Se eu fizer coisas boas para mim, me cuidar, estudar, me dedicar, me preparar para as reuniões, posso me sentir melhor.
Não tenho amigos.	Ninguém gosta de mim. Tenho ficado muito sozinho.	Vou procurar grupos para eu me inserir, novas amizades, olhar mais as oportunidades em redes sociais.

8) Não pule essa etapa por gentileza, bem como qualquer capítulo desse livro, é muito importante para seu autoconhecimento e para você não desistir de sua meta de ter uma "alta estima". Agora comece por gentileza a anotar o que foi solicitado no quadro B a seguir:

Quadro B – Exercício sobre a forma como estou pensando

O que eu gostaria mudar em mim:	Meu corpo.	Confiança no trabalho.
Como eu gostaria de ser:	Bem magra.	Confiante e segura.
O que eu já fiz:	Reeeducação alimentar, atividade física e medicação.	Fico olhando como os outros se comportam e me comparando.
Escolha aqui uma estratégia que possa te ajudar a mudar.	Reeeducação alimentar e atividade física.	Levantar evidências que me dedico as atividades do trabalho.
Quanto acredito que posso mudar esse meu padrão de pensamento e comportamento (0-10)?	⓪ ① ② ③ ④ ⑤ ⑥ ❼ ⑧ ⑨ ⑩	⓪ ① ② ③ ④ ⑤ ⑥ ⑦ ❽ ⑨ ⑩
Qual o pensamento mais forte?	Não adianta mais, já fiz de tudo.	Se eu fizer coisas boas para mim, me cuidar, estudar, me dedicar, me preparar para as reuniões, posso me sentir melhor. Pois sou responsável.
Esse pensamento é leão ou cobra?	○ LEÃO ● COBRA	● LEÃO ○ COBRA

EXERCÍCIO 4 [6]

Reflita sobre si e coloque o exemplo anterior em prática:

O que eu gostaria mudar em mim:		
Como eu gostaria de ser:		
O que eu já fiz:		
Escolha aqui uma estratégia que possa te ajudar a mudar.		
Quanto acredito que posso mudar esse meu padrão de pensamento e comportamento (0-10)?	⓪ ① ② ③ ④ ⑤ ⑥ ⑦ ⑧ ⑨ ⑩	⓪ ① ② ③ ④ ⑤ ⑥ ⑦ ⑧ ⑨ ⑩
Qual o pensamento mais forte?		
Esse pensamento é leão ou cobra?	◯ LEÃO ◯ COBRA	◯ LEÃO ◯ COBRA

6 Cada folha do Exercício 4 comporta 2 aspectos que você gostaria de mudar. Caso seja necessário faça a impressão de mais de uma folha deste exercício para contemplar todos os aspectos que você listou anteriormente.

A PSICOLOGIA POSITIVA NA (RE)SIGNIFICAÇÃO DA AUTOESTIMA

NO MUNDO DE HOJE, É PROVÁVEL QUE A MAIOR PARTE DOS leitores, inclusive você, gostaria de aumentar a percepção positiva de si próprio, diminuir os seus julgamentos e silenciar aquela voz interna que nos põe muitas vezes para baixo. Essa busca pela compreensão dos mecanismos que nos fazem ter (ou não) esse julgamento mais tênue sobre nós próprios, vai ao encontro do florescimento da autoestima, sendo a autoestima um dos primeiros temas da Psicologia moderna, já sendo referida por William James, Alfred Adler, Carl Rogers, Abraham Maslow e Morris Rosenberg, todos eles interessados na compreensão dos processos que constroem ou destroem a nossa autoestima.

A relação entre a Terapia Cognitivo-Comportamental, a Psicologia Positiva e a autoestima têm as suas bases estruturais frágeis, no sentido de existirem poucos estudos onde essas teorias se entrelaçam. Uma das razões é o fato de a Psicologia Positiva não querer passar pela similaridade de princípios rasos da autoajuda, no que concerne aos fortalecimentos da autoestima. Alguns estudos demonstraram-nos que a (re)significação de alguns processos ligados ao julgamento da autoestima pode ser fortalecidos através dos princípios basais da Psicologia Positiva e que reforçados através do treino ligado a Terapia Cognitivo-Comportamental, o efeito será um processo terapêutico prático voltado para o bem-estar do paciente.

A Psicologia Positiva busca o funcionamento saudável e adaptativo do ser humano, interessando-se pelos traços psicológicos positivos e as experiências consideradas positivas. Dessa forma, Martin Seligman defende que, sem deixar de lado o estudo da psicopatologia e o seu tratamento, a Psicologia deve abrir espaço para o estudo das "habilidades positivas" focando-se no ser humano e (re)direcionando o enfoque para a promoção da qualidade de vida, ou seja, ao invés de evidenciarmos o que está "errado", evidenciamos o que está "correto", dando enfoque à promoção das capacidades em detrimento da correção da deficiência (Seligman & Csikszentmihalyi, 2000).

Esse processo de (re)direcionamento passa pela (re)significação de crenças/atitudes e julgamentos (isto é, processos inerentes à construção da autoestima) e pela alteração do pensamento, por isso a importância da psicoterapia. Para alterarmos o nosso comportamento temos de alterar o nosso sentimento e para alterar o nosso sentimento temos de alterar o nosso pensamento, no entanto, este processo não é assim tão linear.

Segundo Spitzer (2007), "a aprendizagem de novos fatos ou acontecimentos isolados por si só, é na maioria dos casos, pouco importante como inoportuna" (p.82). Este autor defende que quando o mundo nos confronta com algumas regras que não conhecemos, o nosso cérebro procura armazenar essas regras como casos isolados e só depois desse conhecimento estar armazenado, é amplamente utilizado. No entanto, nem sempre essa aprendizagem é positiva e é nesta aprendizagem que o estudo e a compreensão da Psicologia Positiva entra em ação. A Psicologia Positiva procura transmitir a crença de que as pessoas podem esperar os melhores resultados de uma ação, mesmo quando são confrontadas com uma situação difícil ou desfavorável. Os traços de personalidade com altos níveis de otimismo e autoestima tendem a filtrar os aspectos mais esperançosos e positivos, mesmo em uma situação menos agradável.

Assim, a Psicologia Positiva é uma ferramenta útil na busca de processos inerentes ao bem-estar. Podemos ajudá-lo a percorrer um caminho dentro de si para o fortalecimento dos seus pontos fortes. Esses ajustamentos dar-lhe-ão recursos para gerenciar os seus aspectos mais fracos (isto é, aqueles intrínsecos em si) tornando o julgamento de si menos negativo, exaltando a melhor versão de si. Esse processo é um influenciador da forma como você se vê/analisa. A literatura demonstra que o seu estado de felicidade é determinado por: 50% de características genéticas, 10% de circunstâncias de vida e 40% pelas atitudes intencionais daquilo que fazemos e pensamos (Lyubomirsky, Sheldon, & Schkade, 2005).

A tentativa de romper o viés negativo sobre o pensamento, julgamento, comportamento e/ou desenvolvimento humano, não é nova. Entre outras influências, Martin Seligman, considerado o pai da Psicologia Positiva, bebeu em várias fontes do saber, de filósofos gregos como Platão, Aristóteles e Sócrates, que buscaram compreender o que aproximava as pessoas do eudemonismo (princípio aristotélico baseado nas experiências positivas do carácter pessoal e virtudes), uma base importante para o estudo da felicidade, forças e virtudes da Psicologia Positiva. O estudo da felicidade associa-se ao *daemon* (divindade) Aristotélico (isto é, prazer momentâneo), no qual a felicidade reporta-se a uma sensação de bem-estar, sendo essa sensação alcançada através de uma "vida boa ou vida bem vivida" (Seligman, 2002).

Vamos praticar?

EXERCÍCIO 5 — ESCRITA

A escrita é utilizada há milhares de anos para expressar emoções e sentimentos. Na Psicologia, caracterizamos esse processo por *catarse (libertação de emoção)*, sendo que o treino promove melhoria nos sintomas clínicos, promovendo um bem-estar.

Pense e escreva abaixo – JUSTIÇA:

Existe alguém na sua vida a quem você pode telefonar a qualquer momento, mesmo que seja às 3h da manhã, para falar sobre os seus problemas?

Pense e escreva abaixo – HUMANIDADE:

Com quem você estava quando experienciou um momento de alegria avassalador?

Pense e escreva abaixo – TRANSCENDÊNCIA:

Qual foi a última vez que você escreveu uma carta de amor ou um bilhete inesperado? Se faz muito tempo, escreva uma carta para alguém que tenha um grande significado na sua vida e entregue essa carta para a pessoa em questão.

Pense e escreva abaixo – TEMPERANÇA:

Qual foi a última vez que você perdeu o controle sobre as suas emoções e impulsos?

Pense e escreva abaixo – SABEDORIA:
Como é para você aprender coisas novas?

Pense e escreva abaixo – CORAGEM:
Como você lida com os problemas e as perdas na sua vida?

Nota: Estes exercícios proporcionam o fortalecimento das suas virtudes (isto é, características centrais e universais de todos os seres humanos, independentemente, da sua cultura, raça, princípios, entre outros) (Peterson & Seligman, 2005).

EXERCÍCIO 6 — PROCESSOS DE ESCOLHA E (RE)SIGNIFICAÇÃO

Um dos fatores presentes nos mecanismos de escolha são os processos impulsivos, os quais geram uma pré-disposição para reações rápidas e não planejadas, sem ter em conta as consequências negativas destes mesmos atos para o próprio, para os outros e para a sociedade. Quem nunca agiu no calor do momento? Vamos ensiná-lo a utilizar uma grelha de prioridades de critérios para escolhas mais eficazes segundo o modelo:

DECIDE

- **D.** **Definir os seus objetivos**, o primeiro processo é determinar o que você quer alcançar (isto é, um julgamento real sobre os seus traços de personalidade e sobre o seu aspeto físico);
- **E.** **Estabelecer os seus critérios**, ou seja, que características você realmente quer alcançar e quais os recursos que você precisa reunir para obter os seus objetivos (isto é, peça para o seu grupo de apoio social escrever quais as qualidades que eles veem em você, e peça também para eles descreverem o seu corpo; depois, leia todos os bilhetes com muita atenção);
- **C.** **Calcular as melhores opções**, você deve escolher as melhores opções – como exemplo, o meu objetivo é ter uma melhor autoestima (julgamento mais real sobre eu mesmo), então para tal, tenho de <u>pensar e analisar</u> quais os meus pontos mais positivos (isto é, através da análise do bilhete entregue pela minha família e amigos e quais os pontos com que concordo ou discordo);
- **I.** **Identificar os prós e os contras**, se o meu objetivo é construir uma boa autoestima, então devo evitar cren-

ças limitantes sobre mim (por exemplo, sou feio, mau, ninguém gosta de mim, não sou tão esperto como os meus colegas e por isso não sou bem-sucedido na minha profissão);

D. **Decidir a opção mais lógica**, aqui você deve pensar de uma forma racional: "eu já ultrapassei momentos ruins", então lembre-se das forças pessoais que utilizou para ajudá-lo (isto é, lembre-se a quem - família - ou a quem - espiritualidade - você recorreu em um momento de dificuldade);

E. **Estimar/Examinar os resultados**, depois do processo decisivo estar feito, você deve pensar e avaliar os resultados para saber se você utilizou estes passos e se conseguiu alcançar os seus objetivos. Caso você não consiga alcançar os seus objetivos, reflita em que passo falhou e tente outra vez. Tenho a certeza que esta matriz lhe irá ajudar em tomadas de decisões mais assertivas sobre si próprio.

Para tal, utilizaremos as siglas da palavra **DECIDE**:

Exercício – Processos de escolha e (re)significação						
Estabelecer os seus critérios	Definir os seus objetivos	Estabelecer os seus critérios	Calcular as melhores opções	Identificar os prós e os contras	Decidir a opção mais lógica	Estimar/Examinar os resultados
DECIDE Por exemplo: quero ter um sentimento de bem-estar relativamente ao meu corpo.						
D**E**CIDE Por exemplo: modificação de rotina alimentar e de exercícios.						
DE**C**IDE Por exemplo: como eu julgo meu corpo.						
DEC**I**DE Por exemplo: tenha práticas de autocuidado e evite um diálogo negativo sobre si.						
DECI**D**E Por exemplo: pense de forma racional. Lembre-se, você é a construção das suas escolhas!						
DECID**E** Por exemplo: volte ao princípio para saber se você seguiu com seu objetivo.						

EXERCÍCIO 7 — SE POSICIONE

Existe um número variado de respostas que podemos dar a inúmeros eventos, entretanto, no que concerne aos mecanismos ligados à Psicologia Positiva para a construção da autoestima, peço que escolha no quadro abaixo, dentre os dois traços de personalidade, com o qual você mais se identifica nesse preciso momento. Após ler o livro na íntegra e fazer todos os exercícios, peço que volte a este exercício para saber se a sua resposta permanece no mesmo indicador. Seja sincero na sua reposta:

Autoestima - Construtivo	Baixa autoestima - Construtivo
Responde ao sucesso dos outros de forma entusiasmada, verdadeira, mantém sempre um sorriso no olhar e gestos corporais como, por exemplo, abraços e beijos. Mantém interesse no outro com respostas positivas.	Responde ao sucesso dos outros de forma feliz, mas sem entusiasmo e às vezes pensa "podia ser eu, se eu não fosse assim", ou então "ele(a) teve sorte". Não demonstra interesse por querer saber os detalhes do sucesso do outro.
◯ Assinale com um X se você pensa mais assim **AGORA**	◯ Assinale com um X se você pensa mais assim **AGORA**
◯ Assinale com um X se você pensa assim **AO TERMINAR** o livro	◯ Assinale com um X se você pensa assim **AO TERMINAR** o livro:

FORTALECENDO A AUTOESTIMA

AO LONGO DO LIVRO FOI INSTIGADO VOCÊ A REFLETIR SOBRE sua autoestima e a construir uma visão de si mais saudável e adequada. Ainda assim, esse caminho precisa de muita prática para ser eficiente, afinal, tudo aquilo que se pratica é aprendido. Acreditamos que algumas práticas podem auxiliar consideravelmente na autoestima, porém, ressaltamos que além dessas práticas, uma importante aliada é a Psicoterapia com um bom profissional da Psicologia, que poderá contribuir muito no seu processo de autoconhecimento e mudança.

Na Psicologia, existe uma constante evolução de linhas psicoterapêuticas que vão sendo construídas com o intuito de sanar lacunas deixadas pelas anteriores (Melo, 2014), assim, vamos apresentar algumas estratégias baseadas em evidências desses modelos recentes, sem, entretanto, adentrar em questões mais profundas. Essas estratégias possuem caráter bastante complementar, e como objetivo desse capítulo vamos apresentar algumas contribuições advindas da Terapia Focada na Compaixão (Gilbert, 2009) e da Terapia de Aceitação e Compromisso (Hayes & Lillis, 2012), integradas no grupo das terapias cognitivo-comportamentais e que podem auxiliar no fortalecimento da sua autoestima.

Na visão de Neff e Germer (2019), a autocompaixão é uma prática pela qual o indivíduo aprende a ser amigo de si mesmo, envolvendo três elementos essenciais que são mobilizados quando o indivíduo se sente ameaçado (autobondade, humildade compartilhada e *Mindfulness*). Para estes autores, apesar de a autocompaixão e autoestima serem muito próximas, não podem, nem devem ser confundidas, porque enquanto a autocompaixão tem a capacidade de o indivíduo se aceitar mesmo quando falha ou se sente inadequado, a autoestima faz uma avaliação positiva do seu próprio valor. Por exemplo, se um indivíduo se comparar a outro indivíduo que considere mais inteligente, mais bonito, provavelmente sentir-se-á um ser inferior, afetando a sua autoestima; mas se o indivíduo sentir autocompaixão, irá aceitar/reconhecer que todos os indivíduos são diferentes uns dos outros e que todos possuem imperfeições. Portanto, não devemos confundir autocompaixão com autoestima. Quando se trata do conceito de autocompaixão significa fazer por si mesmo o que faria pelos outros, ter um olhar bondoso e gentil consigo (Neff & Germer, 2019).

Na teoria tudo nos parece muito simples, todavia, os seres humanos na interação com o meio que o envolve, são moldados a serem críticos (consigo e com os outros). Durante a construção do autoconceito, formado por de valores e crenças, a crítica desempenha um papel importante. Por exemplo, uma crítica construtiva pode realmente auxiliar na percepção e correção de comportamentos, por isso é muito importante distinguir as críticas a que somos sujeitos. A crítica quando advinda de uma postura mais compassiva consigo e com o outro, pode ser muito modificadora e principalmente, encorajadora em diversas situações.

Para praticar a autocompaixão sugerimos um exercício que consiste em escrever abaixo tudo que você reconhece de bom em você, coisas boas que conseguiu fazer, lembrando de ser gentil e amoroso, adotando uma linguagem compassiva na sua escrita. Você pode iniciar sua escrita com frases como: "Reconheço em você esforço nas suas atividades diárias, mesmo algumas coisas não saindo como você gostaria", "Parabéns por ter enfrentado aquele desafio na reunião ontem, foi realmente importante falar o que você pensava", "Você tem ideias muito criativas, essa realmente é uma grande habilidade sua". Agora é a sua vez:

EXERCÍCIO 8 — AUTOCOMPAIXÃO

Para praticar a autocompaixão sugerimos um exercício que consiste em escrever abaixo tudo que você reconhece de bom em você, coisas boas que conseguiu fazer, lembrando de ser gentil e amoroso, adotando uma linguagem compassiva na sua escrita.

Após esse ato de bondade consigo, podemos partir para dois outros importantes passos: Aceitar e Comprometer-se.

De acordo com Monteiro et al. (2015), a Terapia de Aceitação e Compromisso apresenta como conceito principal a flexibilidade psicológica, definindo-a como a capacidade de o indivíduo se conectar com o momento presente e suas experiências internas, no intuito de "reavaliar" os seus objetivos e valores pessoais. Estes autores defendem ainda que para aumentar a flexibilidade psicológica, o indivíduo necessita de implementar seis processos psicológicos de mudança, tais como: i) aceitação, ii) desfusão cognitiva, iii) estar presente, iv) eu como contexto, v) valores e vi) ações comprometidas (ver Figura 3).

Figura 3 - Processos Psicológicos na mudança

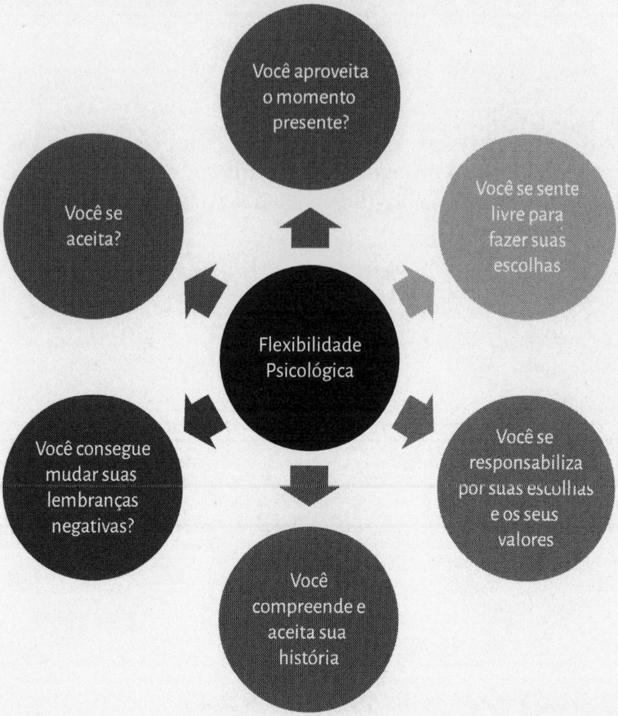

Fonte: Modelo elaborado pelos autores, baseado na versão original do autor Steven Hayes, Jacqueline Pistorello e Antony Biglan (2008).

A psicoterapia baseada em Aceitação e Compromisso, preconiza a necessidade de aceitar aquilo que não está em nosso controle alterar e se compromete a mudar aquilo que está (Hayes & Lillis, 2012). Não aceitar muitos aspectos de si ou da vida e viver refém de mudá-los pode levar a uma autoestima disfuncional, afastando as pessoas de obterem satisfação com suas vidas. No entanto, isso não significa que se deve aceitar tudo, porque nenhum extremo é bom, considerando que o equilíbrio é sempre melhor. Realçamos que é necessário reconhecer-se de forma franca e honesta, o que de fato é possível mudar, o porquê que tem de se mudar isso e o que é importante aprender a aceitar. Mas atenção que aprender a aceitar muitas coisas não é ser passivo diante da vida, muito pelo contrário, é evitar se desgastar com coisas que não são importantes, é parar de nadar contra a maré (Pergher & Melo, 2014). As imperfeições fazem parte da história de cada pessoa, são componentes centrais da identidade de cada um, negar isso, é negar a sua própria história, mudar isso, é apagar o que construiu sua essência. A autoestima como componente da personalidade abrange as autoavaliações positivas e negativas (Feldman, 2015), assim revela-se pertinente que reconheça quais são os seus pontos menos fortes, e os aceite de forma saudável.

Como próximo passo, anote as coisas que você identifica que são necessárias aceitar e o porquê é importante aceitar elas.

EXERCÍCIO 9

O que aceitar em mim mesmo?	Por que aceitar essas coisas?

O que aceitar em mim mesmo?	Por que aceitar essas coisas?

Além de ser bondoso consigo e aceitar o que não está no seu controle, também é importante se comprometer, em especial consigo. Geralmente, as pessoas honram os compromissos com os outros, mas negligenciam aqueles acordados consigo, como se não tivesse importância fazer algo que é para si. Essa lógica é bastante incoerente se analisado que as pessoas em primeiro lugar precisam cuidar de si, para estarem aptas a fazer pelos outros. Uma vez mais, revela-se que este tipo de comportamento afeta diretamente a autoestima. Por isso, se você quer ter uma autoestima funcional será necessário você se comprometer e fazer o que é necessário para que essa mudança se realize. É sabido que o que é oficializado por escrito tende a ser mais facilmente cumprido, assim, propomos que registre abaixo quais compromissos você terá consigo a partir de agora, melhorar sua autoestima, a partir do que você já conseguiu aprendeu ao longo da leitura deste livro:

EXERCÍCIO 10

Me comprometo comigo a fazer pela minha autoestima:

____

____

____

____

____

____

____

Agora, recomendamos que você reveja os compromissos traçados consigo de tempos em tempos, podendo adicionar novos compromissos diante das suas necessidades em cada momento. Não se culpe caso não consiga cumprir com algum, pois nem sempre as coisas saem como gostaríamos, lembre-se que todos os acontecimentos não dependem só de nós, o importante é sua disposição a tentar e tentar, encarando com autocompaixão esse caminho e retomando sempre a caminhada.

Ao longo do livro abordamos que a mudança e a procura em melhorar a autoestima estão muito mais relacionadas com a forma como pensamos sobre nós mesmos, em vez de aceitar o que precisamos mudar em nós. Todavia, isso não significa que não possamos buscar algumas melhorias, pois melhorar e mudar também é importante. A grande questão é como serão encaradas as mudanças, pois elas são um complemento ao que já somos.

Acreditamos que agora você já refletiu sobre quais mudanças realmente quer fazer, ou seja, aquelas que realmente são importantes e significativas para você. Todavia, não basta apenas querer, é preciso fazer e para isso você precisa se comprometer consigo e planejar como serão essas mudanças. Assim, pedimos que liste abaixo quais mudanças você fará e quais são os passos necessários para elas.

EXERCÍCIO 11

Mudanças:

Passo	O que farei e como?
1.	► ► ► ► ► ►
2.	► ► ► ► ► ►
3.	► ► ► ► ► ►
4.	► ► ► ► ► ►

Como já foi mencionado anteriormente, existem muitos aspectos que perpassam a melhora da autoestima, mas algo central é o que a pessoa faz por ela mesma, para isso é necessário ter uma postura bondosa, menos crítica e de aceitação com a sua história e com as marcas que fazem parte dela. Afinal, são as marcas que tornam a sua identidade como ser único e especial.

CONSIDERAÇÕES FINAIS

FALAR DE AUTOESTIMA, REALMENTE NÃO É TAREFA TÃO FÁCIL ou simples como parece. Entretanto, está sempre no nosso vocabulário essa palavra. No livro, trouxemos o conceito de maneira ampla, podendo ser interpretado conforme o olhar de cada um, ou seja, como cada pessoa se percebe. A autoestima pode mudar conforme as experiências vividas, bem como as experiências que ainda vai viver.

Para entender a autoestima, precisamos entender alguns conceitos, como o autoconceito e o *Self*. O *Self* vimos que é a totalidade do indivíduo (corpo, comportamento, pensamentos e o sentido de identidade) e já o autoconceito é a percepção que a pessoa tem de si própria. Com isso, percebemos que a autoestima é um dos lados mais importantes do autoconceito. Quanto mais a pessoa gostar de si, mais chance ela tem da sua autoestima ser fortalecida.

A autoestima é influenciada por vários cenários, fatores e pessoas que podem afetar a nossa autoestima de forma positiva ou negativa: família, amigos, relacionamentos amorosos, colegas de trabalho, entre outros. A convivência com as pessoas vai fazer também com que nos questionamos enquanto especial ou não em relação a aparência física, comportamentos, habilidades, competências, conquistas pessoais e profissionais. Mas claro que gostaríamos de ressaltar aqui o cuidado com essa palavra "especial". Pensamos em "especial" atrelada ao equilíbrio, ou seja, eu gostar de mim, porém não em me sentir <u>tão</u> especial, que me valorizo tanto, que acabo me tornando arrogante. Pois aí, encontramos um problema e não uma autoestima saudável. Partimos do princípio, também da assertividade ou habilidades sociais da Terapia Cognitivo-Comportamental, que preciso me respeitar e respeitar o outro. Assim, fortaleço cada vez mais a minha autoestima.

Uma pessoa apresentando uma elevada autoestima, consegue influenciar positivamente uma outra pessoa, lidar com novas situações de forma confiante, aceitar as suas responsabilidades, ser assertiva e resiliente. Portanto, ter uma "autoestima funcional", ajuda a si e ao outro. E como nós falamos, economiza energia: as pessoas conseguem realizar as coisas de uma forma mais confortável emocionalmente.

Trouxemos aqui, neste livro, propostas de exercícios para sua reflexão, de como você se percebe, o que gostaria de mudar e o que realmente mudar. Quando começamos o processo de mudança precisamos ter bem claro o que queremos mudar por nós e/ou pelos outros. Outra questão é como iniciaremos essa mudança e como faremos, pois, são decisões muito importantes nesse processo. Tentamos deixar esse livro de uma maneira didática, prática e funcional. Mas lembre-se: mudar exige esforço, consciência, vontade e persistência. Ninguém nasce com baixa autoestima! A autoestima é muito importante nas nossas vidas, porque aceitar-se como se é, valorizar-se, amar-se, e perceber-se como um ser único e especial é, **cuidar-se de si**.

REFERÊNCIAS

Allport, G. W. (1966). *Personalidade, padrões e desenvolvimento.* Editora Herder. Editora da Universidade de São Paulo.

Baba, S. P. (2017). *Amar e Ser Livre*. HarperCollins.

Baumeister, R. F. (1997). *Identity, Self-Concept, and Self-Esteem. In Handbook of Personality Psychology* (pp. 681–710). Elsevier. https://doi.org/10.1016/B978-012134645-4/50027-5

Beck, J. (2013). *Terapia cognitiva-comportamental: Teoria e prática* (2ª Ed.). Artemed.

Bonanno, G. A. (2004). Loss, trauma and human resilience: have we underestimated the human capacity to thrive after extremely adverse events? *The American Psychologist*, 59, 20–8. https://doi.org/10.1037/0003-066X.59.1.20.

Brown, J. D. (1998). *The self.* Routledge, Taylor & Francis Group.

Cash, T., & Smolak, L. (2012). *Body Image: A handbook of Science, Practice, and Prevention* (2ª ed.). The Guilford Press.

Damásio, A. (2010). *O Livro da Consciência: A construção do Cérebro Consciente*. Temas e Debates - Circulo de Leitores.

Gilbert, P. (2009). Introduction to compassion focused therapy. *Advences in Psychiatric treatment*, 5, 199-208. https://doi.org/10.1192/apt.bp.107.005264.

Gonçalves, O. (2000). *Terapias Cognitivas: Teorias e Práticas* (3ª ed.). Edições Afrontamento.

Gonçalves, Ó. F. (2002). *Viver narrativamente: A psicoterapia como adjectivação da experiência*. Quarteto editora.

Grogan, S. (2017). *Body image: Understanding body dissatisfaction in men, women and children* (3ª ed.). Routledge.

Feldman, R. S. (2015). *Introdução à psicologia.* McGrawHill Education - Artmed

Hayes, S. C., & Lillis, J. (2012). *Introduction to acceptance and commitment therapy*. American Psychological Association.

Hayes, S. C., Pistorello, J., & Biglan, A. (2008). Terapia de Aceitação e Compromisso: modelo, dados e extensão para a prevenção do suicídio. *Revista Brasileira De Terapia Comportamental E Cognitiva*, *10*, 81-104. https://doi.org/10.31505/rbtcc.v10i1.234.

Holloway, F. (Ed.). (2016). *Self-esteem: Perspectives, influences and improvement strategies*. Nova Science Publishers, Inc.

Kitayama, S., Markus, H. R., & Lieberman, C. (1995). The Collective Construction of Self Esteem. Em J. A. Russell, J.-M. Fernández-Dols, A. S. R. Manstead, & J. C. Wellenkamp (Eds.), *Everyday Conceptions of Emotion* (pp. 523–550). Springer Netherlands. https://doi.org/10.1007/978-94-015-8484-5_30.

Leahy, R. L. (2011). *Livre de ansiedade.* Porto Alegre: Artmed.

Lyubomirsky, S., Sheldon, K., & Schkade, D. (2005). Pursuing Happiness: The Architecture of Sustainable Change. *Review of General Psychology, 9*, 111-131. https://doi.org/10.1037/1089-2680.9.2.111.

Melo, W. (2014). *Estratégias Psicoterápicas e a Terceira Onda em Terapia Cognitiva*. Sinopys.

Mendes, J., & Pereira, V. (2018). Versão Portuguesa Reduzida da Escala de Avaliação da Aparência de Derriford (DAS-14): Análise fatorial exploratória e confirmatória. *Revista Portuguesa de Investigação Comportamental e Social, 4*(2), 25–32. https://doi.org/10.31211/rpics.2018.4.2.79.

Mendes, J., Freysteinson, W., Gamboa, R., & Pereira, V. (2017). Mirror Therapy: Can be this technique used on facial disfigurement? *Revista E-Psi, 7*, 25–38. https://revistaepsi.com/wp-content/uploads/artigos/2017/Ano7-Volume1-Artigo2.pdf.

Monteiro, E. P. Ferreira, G. C. L., Silveira, P. S., & Ronzani, T. M. (2015). Terapia de aceitação e compromisso (ACT) e estigma: revisão narrativa. *Revista Brasileira de Terapias Cognitivas, 11* (1), 25-31. http://pepsic.bvsalud.org/pdf/rbtcc/v11n1/v11n1a04.pdf.

Morf, C. C. & Koole, S. L. (2015) The self. In: M. Hewstone, W. Stroebe, & K. Jonas (Ed), *An introduction to social psychology* (6ª Ed, pp.123-170). Wiley.

Neff, K. D., & Vonk, R. (2009). Self-Compassion Versus Global Self-Esteem: Two Different Ways of Relating to Oneself. *Journal of Personality, 77*(1), 23–50. https://doi.org/10.1111/j.1467-6494.2008.00537.x.

Neff, K., & Germer, C. (2019). *Manual de Mindfulness e autocompaixão*. Artmed.

Pergher, G. K., & Melo, W. V. (2014). Terapia de Aceitação e Compromisso. Em W. V. Melo, (org). *Estratégias Psicoterápicas e a terceira onda em terapia cognitiva*. Sinopsys.

Peterson, C., & Seligman, M. (2005). *Character Strengths and Virtues: A Handbook and Classification*. Oxford University Press.

Poletti, R. & Dobbs, B. (2013). *Caderno de exercícios para aumentar a autoestima* (4ª Ed). Editora Vozes

Rogers, C. (2009). *Tornar-se pessoa*. Padrões Culturais Editora.

Rosenberg, M. (1965). *Society and the adolescent self-image*. Princeton Legacy Library.

Ruiz, D. M. (2015). *O Quinto Compromisso: um guia prático para o autodomínio*. BesrSeller.

Rumsey, N., & Harcourt, D. (Eds.). (2012). *The Oxford handbook of the psychology of appearance*. Oxford University Press.

Sadock, B. J., Sadock, V. A., & Ruiz, P. (2019). *Compêndio de psiquiatria: Ciências do comportamento e psiquiatria clínica*. Artmed.

Seligman, M. E. P. (2002). *Authentic happiness: Using the new positive psychology to realize your potential for lasting fulfillment*. Free Press.

Seligman, M. E. P. & Csikszentmihalyi, M. (2000). Positive psychology: An introduction. *American Psychologist, 55*, 5-14. https://doi.org/10.1037/0003-066X.55.1.5.

Sherman, K., Nelson, D., & Steele, M. (2000). Do messages about health risks threaten the self? Increasing the acceptance of threatening health messages via self-affirmation. *Personality and Social Psychology Bulletin, 26*, 1046-1058. https://doi.org/10.1177/01461672002611003.

Silva, J.V.A. (2020). *Ansiedade, Medo e Preocupações: manual da mente tranquila, orientações para o controle da ansiedade e das preocupações do dia a dia*. Juruá.

Spitzer, M. (2007). *Aprendizagem: Neurociências e a escola da vida*. Climepsi Editores

Vaz Serra, A. (1988). *O auto-conceito. Análise Psicológica*, 2(6), 101–110. http://repositorio.ispa.pt/bitstream/10400.12/2204/1/1988_2_101.pdf.

Young, J. E., Klosko, J. S. (2019). *Reinvente sua vida: um programa avançado para ajudá-lo a acabar com comportamentos negativos*. Sinopsys.

Yunes, M. A. M. & Szymanski, H. (2001). Resiliência: noção, conceitos afins e considerações críticas. Em J. Tavares (Org.) *Resiliência e Educação*, (pp. 13-42). Cortez.

SOBRE OS AUTORES

JOSÉ MENDES

Membro efetivo da Ordem dos Psicólogos Portugueses, especialista em Psicologia Clínica e Saúde. Licenciado em Psicologia, Mestre em Psicologia Clínica e da Saúde pela Universidade da Beira Interior, e Doutorado em Psicologia (Especialidade Psicologia da Saúde) pelo Instituto de Psicologia Aplicada - Instituto Universitário. Diretor do INTELECTO – Psicologia & Investigação, e investigador na Universidade dos Açores. Revisor de várias revistas nacionais e internacionais. Autor de vários artigos e capítulos de livro. Fundador da Revista Portuguesa de Psicologia da Aparência. ORCID: 0000-0003-3612-5772.

JULIANA VIEIRA ALMEIDA SILVA

Psicóloga CRP: 12/03297. Graduação em Psicologia e possui mestrado em Administração pela Universidade do Vale do Itajaí. Doutora em Psicologia pela Universidade Federal de Santa Catarina. Pós-doutorado em Psicologia pela Universidade do Algarve (Portugal). Especialista em Transtorno do Espectro Autista pela Universidade Celso Lisboa. Psicóloga Clínica desde 2001, atuando com a Terapia Cognitivo Comportamental, Terapia do Esquema e Psicoterapia Positiva. Professora Universitária e de Pós-Graduação Lato Sensu e Strictu Sensu. Supervisora clínica. Fundadora e Presidente do Instituto Brasileiro de Terapia Cognitiva Comportamental. Membro da Diretoria da Associação de Terapias Cognitivas (ATC-SC). Revisora de Periódicos e Editora-chefe da Revista Portuguesa de Psicologia da Aparência (Portugal). Tem experiência na área de Psicologia e Administração, bem como livros, capítulos de livros, artigos e recursos terapêuticos publicados. E-mail: julianavas@univali.br

RAFAELA MATAVELLI

Psicóloga, membra do Conselho Regional de Psicologia de Santa Catarina/Brasil, CRP:12/19707 e membra efetiva da Ordem dos Psicólogos Portugueses, número 25046, Doutora em Psicologia pela Universidade do Algarve (Portugal), mestre em Psicologia Social (ISPA-Portugal). Tem experiência na área da Psicologia Positiva e Terapia Cognitivo Comportamental, bem como, em testes psicológicos, entrevista e avaliação. Contribuiu e contribui com algumas universidades no Brasil e Europa no curso de Psicologia. Efetuou um estágio doutoral Erasmus + na University of East London (Reino Unido). Atualmente é investigadora do *Research Centre for Spatial and Organizational Dynamics* (CIEO) Universidade do Algarve e docente na Faculdades Esucri e em cursos de Pós-Graduação, é orientadora de estágios na área da psicologia clínica e psicologia escolar. Atualmente, é editora da Revista de Investigação em Psicologia do Algarve, contribui como autora e coautora de diversos artigos e capítulos de livros na área de Psicologia com foco no bem-estar e saúde psicológica. E-mail: rafaela.d.matavelli@gmail.com

NATANNA TAYNARA SCHÜTZ

Psicóloga CRP 12/14618. Mestra em Saúde e Desenvolvimento Psicológico pela UFSC. Atua em consultório particular com atendimentos dentro da linha das Psicoterapias Cognitivo Comportamentais de Terceira Geração. Coordenadora e Docente de cursos de Especialização pelo Instituto Uriah. Autora e Organizadora de Livros e Materiais Terapêuticos na área da Psicologia e Educação. Também atua com supervisões de atendimentos clínicos. Membra da Equipe Editorial da Revista Portuguesa de Psicologia da Aparência.

Construindo ideias
e conectando mentes

Este livro foi composto com tipografia Minion Pro
e impresso em Pólen Soft 80g.